SAINTE NITOUCHE

OU LA

TOURRIÈRE DES CARMÉLITES,

SAINTE NITOUCHE

OU

HISTOIRE GALANTE

DE LA

TOURRÈIRE DES CARMÉLITES;

SUIVIE DE

L'HISTOIRE DE LA DUCHAPT, CÉLÈBRE MARCHANDE DE MODE ;

Publiée pour la première fois au grand complet sur le manuscrit autogrophe de l'auteur; pour servir de pendant au Portier des Chartreux.

ORNÉE DE SIX GRAVURES.

———❁———

DON.
10,395.

LONDRES.

——

1830.

ÉPITRE DÉDICATOIRE,

A SOEUR GENEVIÈVE,

SUPÉRIEURE DE LA SALPÉTRIÈRE.

Ma très-chère sœur,

Les vies édifiantes ne sont pas toujours les plus utiles, il est bon d'avoir devant les yeux des modèles de vertu pour les suivre; mais il n'est pas moins important de voir quelques tableaux du vice, pour en concevoir de l'horreur. Persuadée de ce principe, dont j'ai l'expérience, j'ai formé le projet le plus singulier qui puisse être dans la tête d'une fille : c'est d'écrire mon histoire. Grâce a la Providence, après tous mes égaremens, je suis dans une asyle paisible où j'ai tout le temps qu'il me faut pour repasser dans les vigs regrets de mon cœur tous les momons de ma voluptueus jeunesse, dévouée autrefois toute entière aux sales plaisirs du public, et maintenant inutile au monde. J'ai cru devoir travailler à son instruction; je ne cacherai rien des circonstances de ma vie; je veux me montrer telle que j'ai été, et l'on verra mon âme toute nue; je rougirai sans doute moi-même des excès que je vais décrire; mais je ne dois point m'épargner cette confusion salutaire, et plus la peinture de ma vie lubrique aura de force et de vérité, plus je m'imagine de la rendre utile, à moi premièrement, et ensuite aux autres. Si l'on trouve que je n'ai point assez ménagé l'imagination du lecteur, j'ai du moins respecté les yeux et les oreilles, c'est tout ce qu'on demande aujourd'hui ; et pourvu que les objets soient voilés, la gaze n'est jamais trop fine, même au gré de notre sexe. Au surplus, il en est de cette naïve histoire, comme d'une infinité d'autres livres, dont tout le danger ne consiste que dans les dispositions de ceux qui les lisent. Quant à moi, dans l'état de pénitence où je suis , je me devais cette espèce de confession publique. Je prie mes lecteurs de l'entendre avec toute la simplicité d'intention que j'ai eue en l'écrivant, et c'est dans ce même esprit, ma chère sœur, que j'ai pris la liberté de vous dédier cet écrit.

Je suis avec un profond respect,

Ma très-chère sœur,

Votre très-humble et très-obéissante servante,

AGNÈS P.....

HISTOIRE

GALANTE

DE LA TOURRIÈRE

DES CARMÉLITES.

————

Ma naissance annonçait ce que je serais un jour et ce que je suis, je veux dire, mon goût pour le plaisir et ma vocation pour la retraite. Ma mère, née de fort honnêtes gens, mais d'une médiocre fortune, et la cadette des trois sœurs, était fort jolie, et à l'âge de dix-sept ans, ne songeait à rien moins qu'à être religieuse, lorsque des arrangemens de famille la forcèrent à prendre le voile chez les Ursulines de la ville de N..... On ne consulta dans cette disposition, ni son goût, ni son

tempérament. Elle était extrêmement é-
veillée, et pour peu qu'on eût examiné sa
complexion, tout protestait contre la vio-
lence qu'on lui faisait ; elle n'était même
plus maîtresse de son penchant, et un jeune
homme du voisinage possédait entièrement un cœur tout profane que l'on voulait donner à Dieu malgré soi. On devine
aisément les suites de cet engagement forcé.

Sœur Radegonde, ce fut le nom que
prit ma mère au couvent, eut une maladie
de langueur qui épuisa inutilement toute
la science des médecins, et qui la conduisit au bord du tombeau ; on ne savait plus
quoi lui faire, quand un médecin de Paris s'avisa pour dernière ressource, d'or-
donner les eaux de Forges ; on se porta
d'autant plus volontiers à ne pas lui refuser ce secours, que la prieure de la maison, percluse d'une partie de son corps,
était condamnée depuis long-temps à faire
ce voyage.

L'amant de Radegonde, qui avait toujours
entretenu un commerce de lettres avec elle,
en fut averti, et ne manqua pas de se trouver
sur la route. Ils se virent à Forges tout à
leur aise, et leurs fréquentes entrevues furent
plus efficaces que les eaux : sœur Radegonde
se trouva guérie, et la prieure vint reporter
ses os au couvent.

Ma mère, qui n'avait goûté avec Duvilly
les premières douceurs de l'amour que pour
les regretter plus vivement, crut être incon-
solable de cette séparation, et roulait mille
projets de sortir du couvent, lorsqu'elle y
trouva un consolateur plus énergique que son
amant. Le père Arlot, vigoureux Mathurin,
âgé de 40 ans, avait succédé au père Collard,
qui était hors de combat depuis un an. Bientôt il démêla sœur Radegonde, et lui connut
du tempérament, dont il résolut de profiter.

Mais ma mère ne s'en tint pas là, le jardinier de la maison, gros garçon très-rustre,
mais qui promettait encore plus que le père

Arlot, lui parut plus propre à remplir le vide que les besoins de quelques autres sœurs et la charité du bon Mathurin rendaient inévitable, et elle s'en servit avec succès.

Je fus formée dans le cours de ces divers incidens, car ma mère devint grosse de moi six semaines après son retour des Forges. En sorte que la paternité est restée indécise entre Duvilly, le père Arlot et le jardinier. Quoi qu'il en soit j'appartiens sûrement à un des trois, à moins qu'on ne me veuille donner trois pères; je ne poursuis point la vie de ma mère, il ne s'agit ici que de la mienne. Après l'accouchement de sœur Radegonde, on mit l'enfant sur le compte de Mathurin, qui se crut en conscience chargé de son sort, et ajusta tout avec la prieure.

En conséquence, je fus mise en nourrice et le père Arlot eut pour moi les soins les plus paternels. A dix ans, on trouva à propos de me faire prendre l'air natal , et on me fit entrer dans le couvent de ma mère sur le pied de sa nièce.

La nature m'avait formée de la figure la plus trompeuse et la plus propre à cacher tous les excès du vice sous l'apparence de la vertu. Un air de candeur et de modestie, pourvu que j'eusse aidé mon visage m'aurait fait passer pour un ange , et l'on m'appelait Sainte Nitouche , nom que j'ai toujours retenu depuis, et , je l'avouerai, le seul trait que j'aie conservé du couvent.

La faute de ma mère était oubliée, tout avait été conduit dans un grand secret : elle entra dans les emplois de la maison, et moi j'y fus regardée comme une fille à qui on veut inspirer du goût pour le cloître.

Je restai deux ans sous l'habit séculier , j'entrais dans ma treizième année quand un incident, qu'il est inutile de rapporter ici, me découvrit le secret de ma naissance. Le père Arlot s'était retiré et s'était déchargé du soin de la fille sur la mère, qui était alors prieure. Cette dernière ne tarda pas à nouer bientôt une nouvelle intrigue avec le chapelain de la maison, gros séminariste et successeur du Mathurin.

Je me défiais de ce qu'elle allait si souvent avec le chapelain dans la salle des hôtes ; et comme la curiosité n'a jamais été mon moindre défaut, je me m'y cachai un jour, à dessein de l'épier, sous une table couverte d'un grand tapis. La prieure et le chapelain ne manquèrent pas de s'y rendre : une bergère des plus commodes était le théâtre de leurs plaisirs. Bientôt je vis le saint homme dans la posture où le prophète Élie se mit pour ressusciter l'enfant de la veuve. Ménagez-moi, disait-elle ; ne gâtons rien par votre imprudence, il m'en a déjà coûté cher... A ce mot, le chapelain s'arrêta, il voulut la faire expliquer sur ce qu'il ne savait déjà que trop ; elle s'en défendit,

et enfin elle lui raconta sa faiblesse pour Duvilly et de toute l'aventure des Forges. Elle
voulut poursuivre l'histoire de ses amours avec
le père Arlot : le chapelain avait tout appris
de ce religieux, et la prévint, rappelant nom_
bre d'anecdotes dont à peine elle se souvenait.
Il ajouta qu'il lui avait résigné sa personne
avec le confessionnal; mais le bon père Arlot,
reprit-il, était un peu jaloux de votre jardinier, il me reste à savoir ce qui s'est passé
entre vous. Vous me devez la vérité à ce tri-
bunal encore plus qu'à l'autre.

Ma mère avoua à M. Adam l'usage qu'elle
avait fait du mazette, et ils reprirent leur pré-
mier entretien. Ma mère, tout en exhortant
le prêtre à la ménager, le secouait vivement;
sa bergère s'agitait, craquait et pliait. M.
Adam voulait se retirer : je vis dans ce moment ma mère le serrer vigoureusement et former, pour le retenir, une double chaîne de
ses bras passés à son col et ses jambes entre-
lacées dans les siennes, elle lui disait d'une

voix mourante: mon cher, achève... ah! plus doucement, achève donc vîte.... achève avec moi... Je ne sais point ce qu'acheva le prêtre, du moins je l'ignorais alors. Je peins ce qui me donna les premières idées de l'amour ; je fis dans cette heureuse journée deux découvertes importantes ; l'une que j'étais fille de la prieure , que j'avais prise jusque-là pour ma tante ; l'autre les moyens auxquels je devais ma naissance.

Pendant cette scène intéressante , j'étais presque agitée des mêmes mouvemens que ma mère, du moins je n'en perdais aucun, et rien sous mon tapis n'échappait ni à mes yeux ni à mes oreilles. La posture où je m'étais mise était gênante; je voulus en prendre une plus commode pour entendre la suite de leurs entretiens, et je fis, en me remuant, un bruit qui effaroucha les amours et glaça nos amans de frayeur. Ma mère, tremblante, pressa le chapelain, qui n'était pas plus rassuré qu'elle, d'aller regarder sous la table, et l'on découvrait l'embuscade. L'inquiétude et la perplexité de ma mère furent des plus grandes: elle me pressa d'une foule de questions plus plaisantes les unes que les autres, pour savoir ce que j'avais vu et entendu; et quoique je misse dans mes réponses toute la naïveté possible, il ne laissait pas que d'y percer un peu de malice, ce qui donna lieu au chapelain de dire à ma mère: « Entendez-vous, chère Èv, la petite mas- » je gage qu'un pepin de la pomme dont » vous avez goûté tant de fois, a déjà germé » dans son cœur. »

L'embarras de ma mère fut grand et long-temps elle fut incertaine sur le parti qu'elle devait prendre à mon égard; enfin, après avoir bien raisonné sur cet incident, ils conclurent à me mettre dans la confidence de leurs mys-térieux amours, et la reconnaissance entre ma mère et moi se fit dans toutes les règles de théâtre.

Depuis ce jour, je ne fus plus occupée qu'à chercher les moyens de faire à mon tour l'expérience des douceurs que j'avais vu goûter à ma mère.

J'avais tout remarqué, postures, attitudes et mouvemens; mais j'étais encore loin du but, et ma pénétration n'allait pas jusqu'à la différence des sexes. Je couchais quelquefois avec une fille à peu près de mon âge ; il suffit à des filles de coucher ensemble pour être inseparables; une recrue de pensionnaires nous mît à l'étroit pour quelques jours, et j'eus ma compagne de couche. Je voulus essayer dès la première nuit ce que j'avais vu faire à ma mère ; il m'avait paru que les impressions du plaisir étaient plus vives chez elle , sans faire la distinction de l'agent ou du patient , je fis mettre ma bonne amie à peu près dans l'attitude où était le prêtre , et je contrefis de mon mieux ma mère ; mais après nous être inutilement échauffées pendant plus d'une heure , sans avoir su nous procurer même le plaisir que deux femmes peuvent se donner. Le peu de succès de notre entreprise et les réflexions qu'il nous donna lieu de fai e, vinrent m'éclaircir sur ma sottise.....

Il y avait un petit garçon attaché depuis six mois à la maison pour faire les commissions de la ville et qui avait ses entrées libres dans la clôture.

Le petit Michel, c'est son nom, venait d'être habillé assez proprement, il avait la tête jolie, et quoiqu'il ne parût qu'un enfant à cause de sa petitesse, il avait au moins quinze à seize ans.

Ce fut sur ce champion que je jettai les yeux pour tirer de lui les services que M. Adam rendait à ma mère. Sa jeunesse ne l'empêchait point de penser qu'il n'eût aussi bien qu'un homme fait, tous les avantages de son sexe, et c'était tout ce que je demandais. Il allait et venait librement partout, c'était à moi à ménager le moment de nous trouver seuls, je l'eus bientôt trouvé.

L'innocence où était encore le petit Michel, me força à lui faire toutes les avances

pour en être comprise, je l'instruisis donc du
mieux qu'il me fut possible , mais las après
deux ou trois tentatives et lorsque je croyais
à force de manier son iustrument lui avoir
donné toute la raideur nécessaire pour venir
à bout de l'œuvre que nous avions entreprise,
j'eus le chagrin de le voir mollir et cracher à
à la porte ; mais nous ne nous décourageâmes
pas ; enfin à force d'essayer toutes sortes d'attitudes, mon petit soldat d'amour pervint à
entrer dans la place et à m'enlever mon pu-
celage. On se figurera difficilement l'effroi
qui nous saisit à la vue du sang que nous
avions répandu dans le combat. Nous nous
mîmes tous deux à pleurer, mais en définitive
le plaisir avait été plus fort que la douleur et
ce coup d'essai nous avait trop bien réussi
pour en rester là. Nos entrevue devinrent
fréquentes et bientôt nous nous vîmes avec si
peu de précaution, qu'un jour, que nous
étions étroitement unis l'un à l'autre, nous
fûmes surpris par la dépositaire. Cette vieille

religieuse, que je savais n'avoir pas été toujours irréprochable et qui avait même fait un enfant, n'eut rien de plus pressé que d'aller conter le tout à ma mère; celle-ci ne put méconnaître son sang à ma précocité, elle me fit venir ainsi que le petit Michel, et après nous avoir interrogés sur nos faits et gestes, elle défendit à ce dernier l'entrée de la clôture; mais nous trouvâmes bientôt le secret de nous voir par le tour de la Sacristie, enfin nous nous en donnâmes tant que le petit Michel tomba malade ce dont je fus bien chagrine. Ma mère, naturellement bonne, attribna la maladie de Michel à notre séparation et consentit à nous réunir de nouveau; mon jeune amant guérit, mais moi, je ne tardai pas à éprouver les premiers symptômes d'une grossesse, ma mère se repentit alors de sa tolérance et elle chassa le faiseur d'enfant.

Mon enflure parvenue au point de ne pouvoir plus se cacher, malgré les précautions de la prieure, je fus mise en pension chez une sage-femme où j'accouchai secrètement.

Là venait un jeune chirugien, neveu de la matrone; il me vit pa hasard; comme il était fort joli garçon, nous prîmes bientôt du goût l'un pour l'autre et le résultat en fut qu'avant même d'être relevée, j'eus de nouveaux gages de fecoddité que j'ignorais.

Me voilà bien rétablie en apparence et réhabilitée fille à ce que je croyais, du moins, car la faiblesse que j'avais eue pour mon nouvel amant ne me paraissait pas tirer à conséquence dans les suites d'un couche, et le jeune chirurgien en homme de métier m'avait bien rassurée sur cela, ma mère jugea à propos de me faire revenir au couvent et de me faire prendre le voile, bien résolue à m'obsesver si bien , que si j'avais du tempérament je n'aurais jamaie les moyens de le satisfaire.

C'était le seul parti qu'il y avait à prendre, abandonnée à ses soins, qu'eût-elle fait de moi, dans le monde n'ayant d'autre patrimoine à me donner qu'une guimpe et une vocation des plus équivoques. Au bout de deux mois de clôture je retombai au même état où m'avait mise le petit Michel; qu'on juge de l'inquiétude et de la perplexité de la bonne prieure qui s'en aperçut au premier symtôme, elle ne pouvait concevoir comment avec toutes les précautions qu'elle était sûre d'avoir prises, j'avais pu goûter une seconde fois du fruit défendu, elle me donna à ce sujet la question et force me fut d'avouer enfin, que cette nouvelle grossesse datait de chez la sage-femme, et que c'était un sien neveu qui avait fait ce beau miracle; le cas devenait plus embarrassant que la première fois à cause du voile, heureusement je n'étais que novice et on feignit que dégoûtée du couvent, je demandais de rentrer dans le monde, on me remit chez la sage-femme qui, sur l'intimation de ma mère, prit la précaution au préalable d'envoyer son neveu faire des enfans à Paris.

Cette fois accouchée et bien dûment relevée,

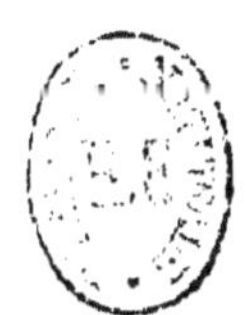

ma mère ne sachant plus que faire de moi, m'adressa à Paris comme orpheline, à une tante fort dévote qu'elle chargea tout à la fois de ma fortune et de ma conduite; je fus reçue par ma tante et remise entre les mains d'une sienne femme de chambre, pour lui être subordonnée et me mettre en état de lui succéder un jour; je conçus du dégoût pour cette condition qui me parut d'autant plus dure, que j'envisageais dans ma maîtresse une parente dont je ne pouvais me faire avouer, mais ces sentimens d'élévation furent bientôt chassés et étouffés par une passion dominante, je devins éperdument amoureuse d'un petit laquais de la maison et devins grosse pour la troisième fois. Ma grand'tante s'en étant aperçue écrivit à sa nièce dans le dessein de me renvoyer à elle ; mais une telle fécondité fit frémir ma mère; toutefois indulgente pour son sang, elle obtint de sa tante de me garder et de ne pas m'abandonner pour cet accident.

Ma bonne parente touchée de mon sort me

fit accoucher hors de chez elle et aussitôt que je fus rétablie, elle me mit en apprentisage chez une dame du Palais en me recommandant de bien veiller dorénavant sur ma conduite; il ne m'en coûtait rien de lui promettre, c'est aussi ce que je fis.

Dès que je parus au Palais, j'emportai tous les cœurs et tous les suffrages; on abandonna toutes les autres filles et je devins l'objet des agaceries de tous les fureteurs galans, que la chicane ou la curiosité y attire. J'étais placée pour l'étalage au milieu d'une brillante boutique, gens de robe et d'épée allaient et venaient continuellement pour reconnaître la place, et Dieu sait comme j'étais lorgnée.

Un jeune et galant clerc eut l'honneur de m'immatriculer au Palais et me fit faire mes premières armes; mais notre commerce dura fort peu; la lingère qui avait été un peu trop facile, vieille alors, était sévère à proportion et nous punissait, trois filles que nous étions à peu près du même âge, d'être plus jeunes

qu'elle, je fus instruite dès le second ou troisième jour de toute sa vie par une de mes
compagnes qui la savait par tradition de celle
qu'elle avait remplacée: cette dernière l'avait
apprise de son ancienne. Notre pédante avait
été célèbre dans tous les ordres. La noblesse,
le clergé, la robe, le tiers-état, avaient partagé les momens d'une jeunesse utilement employée et prolongée même au-delà des bornes
ordinaires. Toute son autorité ne m'empêcha
pas de pousser assez loin dans la cléricature
et je mis toute la basoche à contribution.

Plus je servais l'amour, plus il me semblait
me recompenser de mon culte par de nou-
veux charmes: trois couches, qui s'étaient
suivies de si près, ne faissaient que m'embel-
lir. La lingère, malgré ses scrupules, avait été
jusqu'alors assez indulgente et avait passé sur
toutes mes dissipations; mais je gardai si peu
de mesures , que pour réprimer ma conquet-
terie elle résolut de me confiner pour quelque
temps au magasin. Je ne sais si elle ne me

traitait point en rivale, du moins c'est l'esprit
de toutes les veilles femmes qui ont été galan-
tes, celle-ci de plus était dévote, qualité qni
achève le ridicule : me voilà donc condamnée
au bout de deux mois à l'obscurité du magasin. Les soupirans disparurent en même temps,
la boutique devint déserte, et le débit se res-
sentit de mon éclipse. L'intérêt fit ouvrir les
yeux à ma maîtresse; quoique bornée aux
clercs, j'attirais toujours quelque emplette.
Elle compta avec elle-même, et, s'apercevant
de sa solitude, elle résolut de me mettre en
spectacle, sauf tout ce qui pourait arriver. Je
reparus après cette petite retraite, qui n'avait
servi qu'à me rendre plus piquante et plus
jolie que jamais. Du jour que je fus réintégrée
(pardonnez-moi ce mot, ma chère mère, je
parle le langage du pays). Du jour donc que
je repris ma place, la boutique ne désemplit
point, les jeunes avocats y vinrent en foule
et firent bientôt déserter les clercs, aux avocats succédèrent les sénatenrs. Et déjà lorgnée

par un président, j'allais m'élever à la haute
robe, lorsqu'un vieux piller du palais, doyen
de tous les intendans du monde, me fit de
solides propositions et m'offrit de me mettre
dans mes meubles. J'acceptai sans balancer
le parti; le nom de femme entretenue me
plaisait beaucoup, je faisais une agréable idée
de cette condition. Ainsi je quittai sans regret
ma lingère, et je renonçai à tous les honneurs
que le palais m'offrait en perspective pour
avoir le plaisir de plumer ce paillard, qui en
avait tant plumé d'autres.

Je vécus environ six mois en assez bonne
intelligence avec l'intendant, et pour mon
premier coup d'essai je menai grand train; la
fille du théâtre la mieux expérimentée n'aurait
pas mieux fait.

Il est vrai que par moi-même j'aurais eu
assez de peine à réussir aussi bien que je fis,
et que je profitai bien des lumières d'un gendarme que j'avais pris pour amant, et avec

qui je partageais les libéralités de son vieux rival.

Mais mon intrigue avec le gendarme fut découverte par l'intendant; il méditait de me quitter et de me reprendre tout ce qu'il m'avait donné. Instruite de son dessein par le tapissier, que j'avais mis dans mes intérêts, je le prévins et pliai toilette; je changai de quartier, de nom, et m'établis avec mon gendarme. Nous vécûmes assez paisiblement tant que les fonds dûrèrent; mais malheureusement mon amant jouait un peu et buvait beaucoup; de mon côté, j'aimais la dépense. Deux mois virent la fin de notre caisse et de notre bonne intelligence ; les meubles et les nippes furent vendus peu à peu pour subsister, et la brouille s'introduisit dans notre ménage avec la misère.

Réduite à une seule robe, et retombée dans un état pire que celui d'où m'avait tirée l'intendant, je fus obligée d'abandonner le gendarme. Les conseils les plus désintéressés me furent donnes par lui en me quittant ; comme de ne m'attacher à personne, de bien plumer tout ce qui tomberait entre mes mains, et me mettre au-dessus des faiblesses dont il avait tant profité lui-même.

Mais je me trouvais toute nue , et n'étais malheureusement pas en état de profiter de ces utiles avis. Je ne connaissais point encore de ces femmes commodes qui retirent charitablement les filles qui sont sans feu ni lieu, comme j'étais alors. Que faire, dans cette extrémité? La profession de lingère m'avait réussi; je trouvai le moyen d'entrer chez une grosse marchande de mode, rue Saint-Honoré, où il y avait un régiment de filles.

Là venait en foule vieux milans, blancsbec, jeunes étourneaux, tous les oiseaux de proie du quartier. Mais quoique dans le plan de vie que je m'étais fait, mon tempérament y entrât pour beaucoup, je commençais à être intéressée, et la misère où je m'étais vue me faisait sentir le prix de l'argent, que l'abon-

dance fait ignorer. Je me laissais moins prendre des yeux, et mon point de vue était de
fixer quelques hommes d'un âge mur, de ces
gens fait pour être dupes des femmes, et non
de ces aimables trompeurs dont la plupart
des femmes sont dupes. Je couchai en joue un
gros caissier qui approchait de soixante ans,
et qui venait tous les jours chez nous acheter
quelques galanteries pour avoir lieu de m'en-
tretenir. Il me fit quelques propositions ; mais
je fis trop la réservée ou je marchandai trop
avec lui : le papa n'aimait point à soupirer
long-temps. Une de mes camarades sut bien
à propos saisir un moment de dépit, et me
l'enleva. Cet incident me corrigea bien et me
fit tomber dans une extrémité contraire. J'étais
toujours à l'affut, et j'outrait tellement la coquetterie que ma trop grande facilité écarta
nombre de gens qui paraissaient m'en vouloir.
On me crut plus d'expérience que je n'en
avais, et tout ce que je gagnai dans cette boutique, après deux moi d'attente et d'agaceries,

fut de mettre aux champs quelques appareilleuses qui me jugèrent propre à rétablir leur
commerce.

Deux des plus célèbres entr'autres se dispu-
tèrent mon acquisition et voulurent me déro-
ber aux yeux du public, pour le mettre en
détail à contribution. Elles me firent chacune
à part leur proposition, et je passai sous la
discipline de celle qui me parsuada le mieux.

Ici commence ma chère sœur, le tissu
malheureux d'une vie dont vous avez chez
vous mille tableaux vivans.

Me voilà initiée et femme du monde.
L'honnête femme dui me produisait eut soin
de mon ajustement, qui n'était point en trop
bon état: on ne me laissait point voir de jeunes
gens: on m'annonçait mystérieusement sous
la qualité d'une jeune femme qui trompait
la vigilance de son mari. Bientôt, sous ce
nouveau personnage, je fus extrêmement
employée et fis couler l'or abondamment chez
la patrone.

Quelle vie , ma chère sœur ! quelle position! objet de nouveaux feux qu'on éteint et que l'on rallume sans cesse, les plaisirs de la table et ceux de l'amour se succèdent ou se confondent vingt fois par jour. Quel état charmant, s'il était durable! Comme j'avais le corps extrèment beau, j'étais continuellement exposée à tous les caprices de l'imagination, à tous les rafinemens de la volupté, et j'épuisai bientôt lés crayons de Clinchtel.

Je me souviens d'un bon prieur, qui, pour soulager son embonpoint monstreux, s'était avisé de cet expédient : il me faisait coucher toute nue sur un lit de sangle, dans une posture naturelle, deux filles des plus souples qu'on pouvait trouver se mettaient sous le lit, et, par secousses réitérées de leurs dos, nous donnèrent une élasticité merveilleuse.

Mais il n'est point de plaisirs purs, et la vie la plus voluptueuse est toujours mélée de quelques disgráces.

Un jour cinq mousquetaires, entre deux vins, vinrent fondre dans mon réduit. Je tenais un petit traitant, dont par de caresses forcées j'achevais de vider la bourse. Un parti d'hussards qui surprend un couvent de religieuses ne leur cause guère plus d'alarmes que cette jeunesse mutine en donne aux femmes de notre profession. Le traitant, homme passif-que et mûr voulut se retirer sur-le-champ: un mousquetaire voulut le prendre par le bras, et lui dit, que loin de vouloir troubler ses plaisirs, ils étaient venus pour les partager; et qu'enfin ils voulaient boire avec lui. Le bourgeois les laissa maître du champ de bataille et fit prudemment sa retraite. Voilà nos étourdis en possession de la place : comme il était tard et qu'en ce moment j'étais seule avec la patronne, je fus seule à la merci de leur pétulance : ils firent venir force vin pour s'achever, et je fus bientôt en but à leur fougue. Trois des plus échauffés me saisirent, et m'ayant fait mettre toute nue sur le lit, se partagèrent ainsi leurs postes; l'un, suivant les expressions de ces libertins, était par devant à la sappe ; l'autre , qui travaillait par derrière, attachait le mineur à la place, et le troisième, qui iestrumentait dans ma bouche le coutreminait; un quatrième battait la mesure pour régler leurs mouvemens, de façons que les trois décharges se firent en même temps, et bientôt je fus inondée de la sève qui fermentait chez eux depuis les pieds jusqu'à la tête.

Ce nouveau genre de débauche me donna du goût pour les plaisirs recherchés. J'imaginai depuis plusieurs attitudes qui m'ont fait quelque honneur dans le monde, et que je n'ai point la vanité de décrire ici.

Tout allait bien jusque-là, quand nos mousquetaires, à force de boire, s'achevèrent si bien, que la nuit étant avancée il ne fut plus possible de s'en défaire; l'un d'eux, ivre mort, tombe en vomissant au milieu de la chambre, et sans pouvoir se relever s'endort.

nageant dans les flot de vin; un autre, en lu-
tinant à terre la patronne, qu'il voulait dépu-
celer, disait-il, fut aussi surpris de sommeil;
un troisième, répandu sur uue bergère, ron-
flait de tout son cœur le verre à la main, inon-
dé du vin qui distillait sur lui; un quatrième,
après s'être échaffaudé sur moi, s'endort sur
le métier, où il s'était si bien incrusté, que
j'eus toutes les peines du monde à le désar-
çonner; enfin le cinquième, enivré des camou-
flets qu'il avait donné à ses camarades, s'en-
dormit à son tour sur la table. Représentez-
vous s'il se peut ce coup-d'œil, digne du cra-
yon du Tage. Pour la patronne et moi, nous
passâmes la nuit, tantôt à pester contre les
mousquetaires, tantôt à rire de leur figure.
Le jour vint, et le distributéur de camouffets,
qui fut le premier éveillé, sonna le boute-
selle en mettant tout sans dessus dessous; ses
camarades se levèrent, anssitôt qu'ils aperçu-
rent leurs habits et leurs chapeaux qui traî-
naient parmi les débris de leur souper, cette

vue les mit de très mauvaise humeur; je ne pus retenir un rire indiscret que cette affreux tableau m'arracha, je fus payée sur-le-champ d'un énorme soufflet. La maîtresse du logis voulut leur représenter doucement le scandale de cette impolitesse, et en reçut deux ou trois pour sa part. C'était une Picarde, vive, très-peu docile et aguérie à de pareilles scènes; elle ne voulut pas rester sans répliques, se saisit d'une chaise pour la jeter au soufflieteur. Ce mouvement les souleva tous, bientôt les glaces, le lit, la commode, la table et les chaises furent en canelle. Je me mis imprudemment à crier par une fenêtre. Le guet, qui se retirait alors, accourut au bruit, força la porte et monta: on pria poliment nos cinq mousquetaires de vouloir bien se retirer pour se reposer des fatigues de la nuit, et l'on nous mena chez le commissaire: il nous envoya à Saint-Martin, et, peu de jours après nous fûmes conduit dans votre communauté. Voilà, ma chère sœur, l'époque de notre connaissance je fus de cette fois trois mois en assez bonne compagnie dans votre maison, et je profitai bien de cette retraite.

Je m'étais bien promis cependant de changer tout mon plan de vie; mais résolution frivole, de quel changement étais-je capable? accoutumée comme j'étais aux douceurs d'une vie oisive et voluptueuse, les disgrâces qui l'accompagnaient ne m'effrayaient plus par l'expérience que j'en avais faite, et je sortis enfin de chez vous plus corrompue qu'auparavant.

Avant de sortir de la Salpétrière j'étais arrhée par trois célèbres appareilleuses que j'y avais trouvées; je rentrai dans le monde et fus m'établir au faubourg Saint-Germain; pendant cinq mois, j'eus une succession de misère et de prospérité, tantôt bien élevée au dessus de ma condition, tantôt rabaissée au laquais, je parcourus sous différens noms don je changeais comme de gîte, tous les rédui galans du faubourg; comme un écolier qu

le goût passager du cloître jete dans un froc
vole de couvent en couvent sans fixer son
insouciance.

Il ne m'arriva pendant tout ce temps, que
les petites aubaines ordinaires inséparables de
notre commerce. Mais à force de prodiguer
mes faveurs, je contractai la lèpre contagieuse
que toutes les eaux du Jourdain ne sauraient
laver; au reste, je l'avais bien méritée; car si,
grand nombre de mes semblables qui gémis-
saient de leur état, ne continuaient que par
nécessité ou par habitude, le tempérament
m'emportait, je n'ai jamais vue un homme
bien conformé sans ressentir de vives impressions; et le nombre au défaut du choix rem-
plissait toujours agréablement mon cœur, il
fallait que la nature m'eût douée d'un mer-
veilleux fonds de sentiment pour qu'il ne fut
point encore émoussée, comme je le remar-
quais dans bien des filles, qui beaucoup plus
jeunes que moi, avaient aussi bien moins de
service.

4.

Un jour dans un célèbre attelier où j'étais établie de la veille, il vint un homme bien mis et de bonne mine qui après avoir passé en revue toute la communauté, s'arrêta à me considérer avec une sorte de surprise. J'eus le mouchoir, et quand nous fûmes seuls, il me fit cent questions sur ma naissance, mon état, mon pays; je crus que c'était un entreteneur, comme nous appellons ces Messieurs, et je lui dis sur ce fondement tous les mensonges qui pouvaient m'être utiles, sans lui cacher les vérités dont je crus tirer quelques avantages; il me fit entre autre une question qui m'embarrassa; il me demanda si je n'avais pas une tante religieuse en province; je crus me donner quelque considération , en lui confessant que j'avais en effet une tante ursuline à N. . . . ., à laquelle je ressemblais beaucoup. Il m'en demanda des nouvelles , je ne sus que lui répondre et je me mis à pleurer il ajouta qu'il l'avait connue dans sa jeunesse et qu'ils s'étaient rencontrés aux eaux de Forges dans les commencemens de sa profession. Je l'envisageait mieux sur cette ouverture , je me rappelai Duvilly et toute la conversation de ma mère avec le chapelin.

Ce commencement de connaissance quoique mal éclairci de ma part lui donna quelque goût pour moi; il voulut coucher au logis il donne de suite ses ordres pour faire un très-bon souper. Mille scrupules alors vinrent m'agiter, je fus extrêmement triste à table malgré les caresse et la gaîté de mon convive. L'incertitude de mon origine et l'idée de la paternité que mon cœur lui déferrait pourtant avec une secrète satisfaction, empoisonnait d'avance toutes les douceurs que sa figure me promettait, il fallut terminer l'aventure. Je me couchai fort irrésolue sur le partie que j'avais à prendre, et j'étais prête à mettre un frein à ses brûlans désirs, quand mon cruel tempérament vint à son secours. A peine eus-je senti ses

approches que j'allai au-devant de ses trans-
ports, je l'embrassai avec une fureur que
je n'ai jamais sentie. Si la nature me fit alors
éprouver quelques mouvemens , ils se con-
fondirent dans ceux de l'amour, et (je le dis
avec horreur) peut-être hélas ! ne firent-ils
qu'en augmenter la vivacité ; il faisait chaud,
nous nous mîmes tous nuds. Que mon
cher père était aimable , s'il est possible que
ce fût mon père , il baisa mille fois toutes
les parties de mon corps et mille fois ma
bouche , je parcourus le sien. Pardonnez-
moi ma sœur, un peu de faiblesse , encore
quelques coups de crayons. Je ne saurais
peindre trop vivement un crime, dont je
dois sans cesse rougir. O Myrrha ! quelque
idée que nous donne la fable de votre empor-
tement pour le beau Cynire , il ne pouvait
approcher du mien. Après m'être plongée
dans un torrent de délices , des remords
importuns succédèrent. Hélas ! pour le plaisir que me donnait Duvilly, je lui faisais

un présent bien funeste, le venin coulait avec le miel, je lui préparais sur un lit de roses, de cruelles épines, et le poison que je distillais, faisait des impressions d'autant plus profondes qu'il était assaisonné par un plaisir plus vif. La nuit qui fut courte, fut bien employée ; un léger assoupissement amena le jour. Duvilly fut alerte de grand matin, et pressé de se retirer m'embrassait pour me dire adieu, lorsqu'il me vint une idée singulière ; je me fis d'une robe d'étamine que portait une de mes compagnes, un habit de religieuse : j'y ajoutait la guimpe et le voile, et dans cet état sautant à son col je le serrai amoureusement dans mes bras. il me trouva jolie sous cette mascarade, et frappé encore plus vivement que la veille de la ressemblance qu'il me trouvait avec ma mère, je vis avec un secret plaisir tout l'effet que cette idée fit sur lui. Je voulais que sous cet habillement, il me donna les derniers gages de son amour, il me par-

reculer d'horreur. Je me précipitai sur lui et l'ayant entraîné sur le lit où à force de caresses , je l'amenai à mon but , je goûtai dans ce moment à ce qu'il me sembla encore plus de plaisir que la nuit, et je m'aperçus que mon imagination l'avait admirablement servi. Nous nous séparâmes très-contens l'un de l'autre , avec promesse de renouer la partie ; je ne sais pas quelles auraient été les suites de cette aventure ; mais je fus enlevée deux jours après par ordre du roi.

Un jeune homme de quinze à seize ans, fils d'un homme d'affaire, qui m'avait vu trois ou quatre fois et avec qui j'avais partagé les fruits de mes amoureux travaux , fut obligé de confesser à sa famille d'où lui venait cette aubaine. Et ayant bien désigné mon nom , ma demeure et ma profession , on obtint un ordre du roi pour me faire mettre à l'hôpital.

Cependant, comme l'état où j'étais avant

de repirer l'air de ce salutaire séjour, il faut passer par la piscine probatique , on m'envoya préalablement à Bicêtre. Peinture affreuse de cette maison. Description des suites de la vérole : dans tous les incidens de ma vie , continue Agnès , je n'avais point encore fait de réflexions, mais combien ne déplorai-je point mon état quand je me vis confondue sous l'arche avec les plus viles prostituées : je leur vis payer le tribut amer des plaisirs qu'elles avaient donnés, la plupart sans les partager comme je faisais, et peut-être étais-je la plus coupable ou la plus justement punie.

Au sortir de Bicêtre, où je restai trois mois, je fus remise à la Salpétrière ; quoique j'y fusse en pays de connaissance , je m'y déplus encore plus que la première fois et je pris une sérieuse résolution de changer de vie. Le temps de ma pénitence expiré ; je cherchai les moyens d'entrer aux Sœurs-Grises, j'en vins à bout et prit l'habit. Pen-

six mois de séjour dans cette communauté, je me liai avec une sœur fort aimable qui était batarde de Tillon, bientôt nous devînmes amans et maîtresses, elle me fortifie dans l'éloignement ou je semblais être alors pour tous les hommes en général et dans la fuite du monde, nous eûmes à ce sujet ensemble des conversations. Vrai mélange de dévotion et de libertinage.

Devenue tribade et tribade outrée, je crus avoir entièrement oublié les hommes, quand un jeune prêtre qu'on me donna pour confesseur devint amoureux de moi, nos fréquentes entrevues au confessional me redonnèrent insensiblement du goût pour l'autre sexe.

Je me réfroidis de jour en jour pour ma campagne, et ayant confié ma faiblesse au prêtre, il acheva bientôt de me convertir. Ce nouvel amant en homme expérimenté craignant une rechute me fit quitter les Sœurs-Grises; et me mit dans une chambre : nous vécûmes assez paisiblement quelqnes mois ensemble, je ne voyais que des dévotes, je l'étais moi-même. Ces liaisons me condui-sirent à faire connaissance avec les convul-sionistes. Une petite veuve initiée depuis six mois, m'affectionna, mon directeur malheu-reusement était moliniste ; la convulsion-naire entreprit de m'en détacher et en vint à bout : elle me donna un amant janséniste, et bientôt je devins convulsionnaire moi-même.

Rien de plus plaisant que les convulsions, je ne saurais dire dans combien d'occa-sions, elles servaient à merveille au liber-tinage le plus dépravé. Je me rendis cé-lèbre dans la secte sous le nom de sœur Pétronille.

Mais bientôt le discrédit où tombèrent les convulsionistes, me dégouta de ce genre de vie ; je pris la résolution de me rendre au monde et de rentrer dans la carrière ; je quittai mon amant janséniste et déménageai sans tambour ni trompette ; je m'associai avec une ancienne amie de collége et nous ouvrîmes une boutique à frais communs. Les commencemens de notre commerce ne furent pas brillans, il fallut nous borner d'abord à la livrée ; mais nous nous élevâmes peu à peu jusqu'au bourgeois. J'errai ainsi sous différens noms dans les quartiers les plus vivans de Paris, changeant tous les deux ou trois mois de logis. Enfin, ayant pris le goût et l'esprit du commerce, je me séparai de mon associée, dans le dessin d'élever moi-même une boutique et de travailler à mon compte. Je me meublai convenablement de l'argent que j'avais amassé, et m'établis. Ma réputation et ma conduite me firent en peu de temps une brillante maison. J'avais sept à huit filles du premier ordre, pour la jeunesse et la beauté, sans compter les femmes mariées qui venaient travailler chez moi. J'avais eu soin de m'abonner avec le commissaire du quartier, qui était mon pensionnaire, et deux exempts, qui avaient leur franc salé chez moi, étayaient de leur appui celui de l'enquêteur. J'avais mis police admirable chez moi , j'avais de petits appartemens très-commodes , cabinets , dégagemens , escaliers dérobés , rien ne manquait.

Je recevais peu de militaires et de jeunes gens , si ce n'était quelques enfans de finance, dont la sagesse m'était connue , mais beaucoup de robes et de gens du palais , de bons pères de familles et de gros marchands. J'avais surtout force ecclésiastiques , c'est à-dire peu ou point de séminaristes , car ils sont presque aussi mutins que les mousquetaires ; mais de bons prieurs et nombre de chanoines ; quant aux moines , je recevais peu de cordeliers , (ils sont tapageurs) , mais des jacobins , des prémontrés , des victorins , des célestins , etc.

Je fournissais encore quelques fermiers généraux et une bonne partie de nos seigneurs du clergé. Oh ! que de pucelages vendus ,

refaits, et revendus encore plus cher la dixiè-
me fois que la première. Combien de filles
après dix ans de services, données et em-
ployées pour neuves ? J'aurais fait passer
une furie pour un morceau de prince ! Que
de femmes mariées dont le goût pour les
plaisirs commodes contribuait encore à gros-
sir le tribut que je tirais du public, et qui,
après les travaux et les fatigues du jour, m'a-
bandonnaient généreusement leurs honoraires.

Parmi les femmes mariées qui venaient
chez moi, était la femme d'un employé, qui
avait été marchande de modes. Son histoire,
qu'elle me raconta, me parut si plaisante
que je veux vous la rapporter ici, certaine,
ma sœur, qu'elle ne vous déplaira pas.

HISTOIRE

DE LA DUCHAPT.

HISTOIRE

DE LA DUCHAPT.

———

Je suis d'une famille honnête, mais ruinée par des procès. A douze ans, me trouvant orpheline, je me réfugiai chez une tante où j'étais frugalement nourrie et mincement vêtue, bonnet rond, fichu de grosse indienne, corset de siamoise avec une jupe de serge, voilà ma toilette du dimanche. Ce n'est pas que je me plaigne, car la pauvre vieille avait bien de la peine à vivre de ses petites rentes ; mais le mal, c'est que pensant à se débarrasser de moi plutôt qu'à me conserver dans les principes d'honnêté que j'avais reçus, elle me mit en apprentissage chez certaine marchande de modes nommée M^{lo} V..... remplie de complaisance pour ses amies, et elle en avait beaucoup. Nous étions six nymphes qui faisions alternativement le service du dedans et celui du dehors. Le matin on nous conduisait chez les gens de robe et de finance, l'après-midi nous avions les épiciers et les petits collets.

Ceux-ci furent les premiers dont je fixai les regards lacifs. Elle est vraiment gentille, se disaient-ils entre eux ; en la façonnant l'on en fera quelque chose. Petite, me disait un abbé lorgnette en main, il faut se tenir droite, puis il relevait mon menton, puis il appuyait dévotement l'autre main sur ce qu'il appelait *les pommes d'Eve*. Les conseils qui flattent notre coquetterie sont ceux que nous suivons de meilleur cœur. Cent fois le jour j'allais me redresser devant un miroir, et je m'y trouvais à mon goût (car je n'ai pas besoin de dire qu'en arrivant, on m'avait déshabillée , lavée , musquée et pomponnée de la tête aux pieds).

Un matin , mademoiselle V..... me fit asseoir à côté de son lit , et me dit : Adèle , vous n'êtes pas riche , et il faut profiter des avantages que vous devez à la nature ; ce serait vous rendre indigne que de ne pas les faire valoir.

J'ai dessein de vous obliger ; je veux que vous me deviez votre fortune. Voyez , ma chère enfant , si vous pouvez correspondre à mes bontés.

Je ne répondis que par des soupirs et j'avouerai naturellement qu'ils n'ont eu jamais une si belle cause.

Il ne s'agit point de faire la sotte , reprit la V..... , il faut penser à vous , le temps presse , l'occasion se présente , saisissez-la promptement. M. Mondor, riche financier, est le meilleur de mes amis. Il vous a vue , et se chargera volontiers de vous faire un sort si vous voulez être sage.

L'honneur est ce que je chéris le plus au monde , répondis-je.

— A l'honneur, interrompit-elle en riant, et les honneurs , et les richesses , et les plaisirs. Nous allons faire aujourd'hui une partie charmante ; nous irons à la campagne ; vous verrez un château magnifique , des meubles superbes, des jardins délicieux, et nous y feront un excellent déjeûner.

— Ah ! tant mieux, tant mieux, m'écriai-je en sautant , j'aime tout cela à la folie.

Je courus au dortoir, où mes camarades s'occupaient à préparer tous mes ajustemens. Une d'elles s'empara de ma tête, releva mon chignon avec un peigne garni d'or, le reste de mes cheveux retombait sur mon front, elle forma de petits nochers, qui me servaient, pour ainsi dire de lunettes. Voilà, disait-elle en s'applaudissant, un minois à faire fortune. Une autre me passa au cou une chaîne d'or, tandis qu'une troisième accrochait à mes oreilles de superbes boucles en coques garnies de diamans, j'oubliais de vous dire, qu'avant tout cela mon minet aussi avait eu sa toilette faite complètement; l'eau de lavande ne lui avait pas été épargnée ; celle qui s'était chargée de cette opération, ne tarissait pas d'éloges ; elle parcourait de la main tous les contours de ce petit réduit : quel poil doux et frisé, s'écriait-elle. Ah ! Adèle, Adèle, Adèle, il y a dans ce petit bijou une mine inépuisable de richesses si tu sais en tirer parti.

Prends bien garde, me dirent mes autres compagnes quand je fus habillée ; à ne point démentir ce ton d'élégance ; défais-toi surtout de cet air emprunté, il faut des manières aisées, certains petits tours de tête, certains regards agaçans. Les hommes aiment des yeux qui les assassinent ; je ne les écoutai pas ; je n'eus rien de plus pressé que d'aller au miroir, où je prenais tant de plaisir à me voir, qu'il fallait m'en arracher pour me couvrir de la plus belle parure du magasin.

Arrive mademoiselle V..... très-richement mise, quoiqu'en négligé du matin. Elle fut frappée d'admiration à mon aspect. Cette petite morveuse-là est trop jolie, dit-elle à ses filles, aucune de vous n'a une figure pareille. Viens, ma belle, la voiture nous attend, il n'y a pas de temps à perdre. En voulant la suivre, mes pieds s'entortillent dans la queue de ma robe, qui se déchire ; mais malgré l'enthousiasme où j'étais, j'eus assez de présence d'esprit pour cacher la catastrophe. Enfin, nous montons en voiture, et fouette cocher.

Pendant le chemin, mademoiselle V....., me donna toutes les leçons de l'art, surtout, me dit-elle, quand votre *monsieur* paraîtra, il faudra courir à lui, l'embrasser. Puis vous me laisserez le temps de lui parler en particulier, et lorsqu'il vous rejoindra, vous répondrez poliment a tout ce qu'il vous dira et vous vous préserez à tout ce qu'il exigera de vous. Exécutez exactement ce que je vous recommande, ajouta-t-elle, et prenez bien garde de le dégoûter, car les hommes sont des animaux qu'il faut caresser pour mieux les plumer.

Comme elle m'instruisait encore, le carrosse arrêta. La grande porte s'ouvre. On siffle et deux domestiques nous donnent la main pour descendre.

Dans une vaste cour s'élève d'un côté un superbe bâtiment ; de l'autre, une grille ornée de dorure, nous ouvre l'entrée d'un jardin à l'anglaise dont les détours sont palissadés de roses et de jasmins ; plus loin est un rocher factice imitant parfaitement la nature, d'où jaillit une nappe d'eau servant de source à une petite rivière circule au milieu d'un tapis de verdure émaillé de fleurs. Là nous trouvons une femme de chambre qui nous fait asseoir sous une belle draperie bleue brodée en argent pour nous garantir du soleil.

Occupée de toutes ces merveilles, je n'aperçus pas M. Mondor qui nous lorgnait de de dessns le rocher. Adèle, me dit mademoiselle V....., Voilà ton Monsieur : fais bien l'agréable, tiens tes bras en avant, les yeux en coulisse, la bouche riante ; je la regarde et je tâche d'imiter toutes ses grimaces. M. Mondor me répond par un signe ; il nous appelle, dit la V....., viens vite et n'oublie pas de l'embrasser comme je te l'ai dit. Elle me conduisit à un grand escalier où la femme de chambre nous attendait ; aussitôt paraît le rond financier. Eh ! bonjour ma chère enfant, s'écria-t-il, en m'enveloppant de ses larges bras et m'appuyant un massif baiser qui m'ôtait la respiration. Il me lâche aussitôt pour traverser une enfilade d'appartemens.

Nous le suivons jusque dans un cabinet richement orné. Asseyons-nous, dit-il, en se jetant sur un sopha. Enfin , voilà la créature en question ?

Venez ici mon chou , puis il frappe plusieurs fois son genou , comme s'il appelait un petit chien.

Allez donc puisque Monsieur vous le permet , me dit mademoiselle V....., j'y allais un peu malgré moi ; à peine fus-je assise sur cet automate parlant qu'il recommença ses lourdes caresses.

C'est-il du neuf , dit-il à la V....., a-t-elle ceci ferme (il passait la main dans mon corset),

— Ah ! voyons , reprit-I , en faisant d'un air maussadement galant quelques excursions sur mon individu et voulant me trousser les jupes.

Finissez , Monsieur. m'écriai-je, en faisant geste de lui donner un soufflet,

—Tudieu ! quelle harengère , s'écria-t-il à son tour, en se levant.

— Eh ! que veux-tu que je fasse de cela ?

— Vous demandez du neuf, répondit la V....., où voulez-vous qu'on en trouve ? ce ne sera pas chez les bourgeoises, elles en sont venues au point de nous damer le pion.

— Allons, allons, cela ne me convient pas, cela ne vaut pas une décharge, il dit, et nous ferme la porte sur le nez.

Voilà de vos sottises, me dit mademoiselle V....., petite imprudente, et me serrant le bras avec fureur, détalons au plus vite, je vous parlerai quand nous serons à la maison. Je sortis tremblante de crainte et de douleur, elle me poussa rudement dans la voiture et nous partîmes.

Pendant le voyage, elle ne souffla pas le mot ; je pleurais, je me désolais, et ses regards étaient pour moi autant de coups de poignard.

Arrivées à la maison, allez-vous déshabiller

foutue sotte, me dit-elle, avec une fureur bien prononcée, quittez cette parure dont vous êtes indigne, et reprenez tout à l'heure vos guenilles.

J'avais lu dans quelques livres que la vertu toute nue n'en était que plus belle. J'eus l'audace de le lui répéter. Taisez-vous, mauvais sujet, me répond-elle, et ne vous remontrez pas devant moi.

Mes compagnes avaient été témoins de la catastrophe et voyant que j'allais m'en retourner chez ma tante, elles m'engageaient à rompre un projet qui m'éloignait d'elles. Une nommée d'Arminville, celle qui avait fait la toilette à mon minon et que j'aimais le plus depuis qu'elle avait flatté ma coquetterie, prit sur elle de faire ma paix avec mademoiselle V....., elle avait de l'esprit et je l'écoutais volontiers.

Adèle, me dit d'Arminville, j'ai beaucoup lu et j'ai vu que tous les systèmes, il n'y a rien de vrai; une même chose a deux faces et

6.

c'est la façon dont on l'envisage qui lui donne du mérite ou qui l'avilit à nos yeux; cet honneur dont tu te fais une divinité, parce que tes parens te l'ont présenté comme tel, n'est qu'un mot vide de sens, qu'un fantôme qui s'évanouit quand on veut s'assurer de son existence. Dis-moi, na chère, crois-tu que toutes celles qui s'arrogent la qualité de femmes honnêtes, se privent pour cela de plaisirs, ou soient exemptes de désirs. Non, Adèle, non, la nature exerce sur nous le même empire que sur les hommes; et, s'il est quelques femmes sans amans, c'est qu'elles n'ont pas assez de mérite pour en captiver. Nous naissons avec le goût du plaisir et nous nous y livrons presque toutes par vanité, par tempérament ou par intérêt. La femme de condition a un amant par ton, la bourgeoise par amusement, l'indigente par besoin. De tous les motifs qui peuvent nous déterminer, l'intérêt est le plus sensé. Je te conseille donc d'accepter ce financier, il te vengera du destin, tu quitteras ce commerce qui t'aura enrichi et tu feras mieux que les autres, un jour, tu deviendras honnête femme sans restriction.

Quoi, lui dis-je, l'honneur ne sert donc à rie n

— Écoute, Adèle, reprit-elle quelle comparaison, y a-t-il à ne pouvoir se revêtir que d'un méchant corset de siamoise, ou se défaire d'un préjugé pour se décorer des beaux ajustemens. Avoir des meubles magnifiques, des bijoux éblouissans , une femme de chambre , des laquais, un carrosse.

— Oui dà , m'écriai-je , j'aurais un carrosse.

— Mais, répondit-elle, celui de M. Mondor, dès demain sera le tien si tu veux l'écouter.

— S'il ne s'agit que de l'écouter, j'aimerais bien son carrosse, mais pour sa personne je ne le pourrai jamais. Il est gros et court , il a le front étroit , les yeux petits , la bouche grande , les joues plates, le rire bêtes.

— Mais qui te dit de l'aimer, il faut s'attatacher aux hommes pour les ruiner ? Si tu veux te prendre d'amour, tu choisiras quelqu'un qui en mérite la peine et que tu paieras pour t'amuser. Mais tiens, de bonne foi, de tous les amans qu'on peut avoir, le meilleur n'en vaut rien excepté celui qui donne de l'or.

De si riches conseils répandirent un air de satisfaction sur ma physionomie, qui lui attira de nouveaux admirateurs. Dès la même soirée, mon abbé, un garde-du-corps et un avocat me firent les yeux doux. Le garde monta la conversation sur le ton qui convenait à un homme de son état ; l'abbé la soutint de même par goût, et l'avocat par occasion. On me prit les mains, on me prit encore autre chose, on me caressa. Nous fîmes maintes folies ; cela dura ainsi plusieurs jours, et je fus bien dédommagée de s mauvaises humeurs de la V....., qui d'ailleurs était revenue sur mon compte, d'après ce que lui avait dit de moi d'Arminville.

Un matin, la V..... ouvrant les rideaux
de mon lit : Adèle, me dit-elle, à tout péché
miséricorde , voici une lettre qui s'adresse à
vous. Je me hâtai de la lire ; elle était con-
çue en ces termes :

« MON ENFANT,

« Un étourdi vous ferait des reproches ;
« moi, je vous offre cent louis pour coucher
« avec vous. Je suis franc en amour; je parle
« clair, et vous dis tout rondement que vous
« me tournez la tête , et rien ne me coûte
« pour acheter l'objet de mes désirs. »

Au revoir,

MONDORF

Je trouvai ce poulet assez grossier. Mademoiselle V.... me dit que je devais le regarder comme une lette de change, qui ne me coûterait que quelques momens de complaisance. A ces mots, je repris ma bonne humeur, qui ne fit que s'accroître par l'influence de mes courtisans.

Saint-Prix, mon garde-du-corps, y mit le comble en s'expliquant naturellement sur sa passion, et il le fit d'une manière enjouée et cavalière, qui est plus agréable aux femmes que ne le sont les soupirs les plus langoureux.

Cela me donna occasion de lui montrer la lettre du financier Mondor : *C'est une éponge à presser au besoin*, me dit mon amant ; et loin que cela puisse traverser nos amours, je pense au contraire qu'ils en auront plus de succès ; le bonhomme paiera les violons et nous danserons sans lui. Prends ce gonze-là, ma chère Adèle, ajouta-t-il en me donnant sur la bouche un baiser des plus voluptueux,

et me faisant couler la langue entre les dents.
Je soupirai et me laissai aller nonchalamment
dans ses bras; il m'assit sur ses genoux, me
passa une main dans le corset et mit l'autre
en meilleure 'place. Ah ! Monsieur, que
faites-vous ? dis-je en bégayant.

— Ce que je dois, ma petite, répond-il en
riant et me portant sur le meuble le plus
utilé de la maison.

— Finissez, m'écriai-je. Il me clot la bouche avec la sienne, puis il se met en devoir
de s'excuser par la faute même.

— Eh ! mon honneur !

— Je le cherche, dit Saint-Prix. Et je sens
un dard enflammé, qui, glissant entre mes
jambes et mes cuisses, vient se heurter à la
porte des plaisirs. Je n'eus plus le courage de
faire aucune résistance.

Va, chère Adèle, disait Saint - Prix,
l'honneur n'est rien, l'amour est tout. Il me
le prouva, et jamais preuves ne me furent
plus sensibles; je fus bientôt de son avis.

Je fus très-surprise de voir cet amant répondre à mes pleurs par des éclats de rire en
sortant de mes bras.

— Méchant ! vous riez de ma faiblesse.

— Non parbleu ; je ris de ton ignorance ;
tu as fais cela comme si tu avais eu affaire à
ton financier.

Ce qu'il me disait était de l'algèbre pour
moi. Mes-toi là , me dit-il , que je t'ins-
truise. Je m'assis sur lui, et il m'apprit les
différens exercices amoureux dont nous de-
vions nous servir suivant les espèces de gens
à qui nous avions affaire.

L'entreteneur devait être traité avec plus
d'égards , le favori avec plus de passion , le
vieillard avec plus de travail , l'homme à
sentiment avec plus de difficulté. Il faut mettre de l'art dans tous , dit ce singulier maître,
et chaque métier a son esprit.

Je te verrai souvent ; compte que je pren-
drai soin de t'instruire et de te faire répéter tes
rôles. Je le vois prêt à me quitter, je saute

à son cou , et je lui dis : vous m'abandonnez déjà , Saint-Prix ? Tu n'est pas la seule affaire que j'aie , répond-il en pirouettant. Adieu , Adèle ; pense à notre bonheur

Ce jour était celui de mes conquêtes. Le garde-du-corps fut à peine sorti que le porte collet entra. Il m'apporta un bouquet , et se chargea lui-même de le placer.

Je refusai d'abord , mais on pense bien que je n'avais plus la force de résister. Saint-Prix m'avait mise en goût. Je me laissai aller dans une bergère; l'abbé en fit autant , persiste dans ses hardiesses , et vainquit ma résistance.

Non, ma petite , me dit-il, je ne te quitte pas ; il faut que je t'apprenne ce que c'est que le vrai bonheur.

Je veux me défendre , mais c'est en vain , déjà il avait à moitié délacé mon corset , mon mouchoir n'était plus sur mon cou , à son aise il contemplait mes tétons.

— Ah ! ma mie, sens-tu le feu qui me

dévore ; ah ! laisse-moi baiser ces jolis trésors, et il me prenait ce qu'il appelait ses petits boutons de rose ; il les suçait, les mordait, les baisait. Tous mes efforts pour me défendre davantage sont inutiles, il est déjà arrivé au lieu des plaisirs ; les baisers et toutes les attitudes que les amans ont inventées allumèrent en lui une passion si violente, que me serrant étroitement contre lui, il donnait à sa passion tout l'essor possible. Rien n'était à l'abri de ses regards. Il aurait été ridicule dans une amante de feindre une pudeur mal placée, aussi je le laissai satifaire sa curiosité sans aucune répugnance. Quatre fois nous réitérâmes ce jeu délicieux, quatre fois nous répandîmes cette liqueur dont le doux chatouillement nous ravit au ciel. J'étais contente, rien ne pouvait égaler ma félicité, et, dans l'extase de mes jouissances, non, non, non, m'écriai-je, le véritable bonheur, ce bonheur si recherché des mortels ne peut exister que dans les bras d'un amant chéri.

Je laisse le séduisant abbé pour introduire mon avocat, qui le remplacera bientôt d'une manière assez plaisante à nous autres femmes du monde pour être décrite. J'essaie de faire son portrait avant.

Une tête immobile soutenait avec soin de long cheveux artistement accommodés et plaqués sur les épaules de ce jeune homme. Un habit d'un noir lustré, un jabot arrangé en cœur. Il eut la complaisance de sourire en entrant et de soupirer à mon approche. Hélas! bonjour ma chère, me dit-il d'une voix langoureuse ; comment vous portez-vous ?

— Fort joliment, lui répondis-je sur le ton badin qui m'était naturel et qui convenait à mon nouvel état.

— Vous riez, reprit-il en portant ses bras nonchalans sur mes mains ; pouvez-vous rire quand je me meurs ?

— Vous mourez, répondis-je, et de quoi donc s'il vous plaît ?

— D'amour, ma reine.

— Vous badinez ; moi j'éprouve tout le contraire, mon goût pour la vie s'accroît avec mes dispositions pour l'amour.

— Eh quoi ! cruelle, vous avez la barbarie de me l'avouer. Non, je ne croirai jamais que ce ne soient que des dispositions, le fait est trop réel ; vous aimez, tout me l'assure, votre, âge, vos regards ; mais qui m'assurera que je suis l'objet de votre amour ? Ah ! dam, vous m'interloquez ; je n'en sais pas si long.

— Voyez, reprit ce langoureux amant, si vous daignez me faire de pareilles questions.

Oh Dieu ! m'écriai-je, cet amour-là est un cathéchisme. Eh bien ! Monsieur, comment m'aimez-vous s'il vous plaît ; — De tout mon cœur, de toute mon âme, répondit-il vivement en se jetant à mes pieds. Oui, belle Adèle, vous m'occuppez tout entier ; je vous suis attaché par le lien le plus délicat, l'atteinte la plus forte ! je vous aime, je vous adore par sentiment.

— Comment, mais c'est un sort, répondis-je ; et que faut-il que j'y fasse ?

— Ce qu'il faut que vous fassiez ! ce que l'amour inspire, ce que mon cœur désire ; ce que mes yeux expriment. Allons, ma chère Adèle, jurez-moi que vous m'aimez et que vous m'aimerez toujours. Ne vous opposez plus à mon bonheur, mettez-le à son comble.

J'ai toujours eu le cœur tendre : l'expression langoureuse de ses yeux excita ma pitié ; j'allai nonchalamment au premier champ de mes victoires, il me suivit et se mit en devoir d'en remporter une avec moi ; mais le pauvre diable avait glacé son courage, on n'aurait jamais soupçonné qu'il en fut capable. Ce dard, que j'avais vu chez Saint-Prix et chez l'abbé, si droit, si ardu, était chez lui tout émoussé et dans le plus déplorable état. Cette découverte ne me satisfit pas trop. Je cherchai à me rendre la victoire personnelle, j'y mis du mien, il s'y aida de son mieux, et notre attente fut aussi longue que vaine.

Je me rappelai les leçons de Saint-Prix ;
j'opposai des difficultés, mais elles vinrent
trop tard et n'eurent qu'un mauvais succès.
Enfin je me déterminai à traiter mon athlète
en vieillard , et je ne fus pas plus heureuse.

La coquetterie nous est naturelle ; j'éprou-
vai du dépit sans réfléchir sur l'affront. Je
quittai la place et fus m'asseoir à l'autre bout
de la chambre. Mon pauvre avocat s'appliqua
à ensevelir sa..... honte , se tint quelques
instant contre une fenêtre et vint me deman-
der si j'étais toujours fâchée. Je lui répondis
par un de ces gestes de coude que je conservais
encore de mon premier état.

Pour se disculper de sa faute, il usa de ces
belles phrases dont les femmes ne sont plus
dupes et qui ne firent pas plus d'impression
sur moi que sur une autre. Il se retira aussi
mortifié que j'étais piquée et promit de tout
faire au monde pour réparer tes torts.

Le lendemain , mademoiselle V......,
introduisit dans ma chambre le gros financier

Maindor, il avait l'air aussi maussadement
conquérant que peut l'avoir un homme de
sa sorte. A la fin, je te tiens, me dit-il,
en m'embrassant. Me mettrai-je là me dit-il
avec des yeux étincelans ? Allons tout cela
est à moi, moyennant les cent louis, et en
vérité c'est bien payé, ajouta-t-il, en per-
mettant certaines libertés à ses mains. Je fis
quelques résistances autant par manège que
par dégoût, — Comment tu joues le scrupule,
s'ecria-t-il, oh ! la folle, à quoi tout cela
mène-t-il, il faudra toujours en venir là ; me
persuaderas-tu qu'une femme puisse tenir
contre cent louis ! Adèle, ma fille, dépêche-
toi..... je sens..... je sens..... qu'il
faut..... A ces mots, il s'interrompait,
appuyait sa tête contre mon sein, il venait
de mettre son membre en évidence et me
lançant un regard enflammé, il me disait en
grimaçant un sourire : cent louis et du plaisir,
tu refuserais tout cela ! Il agisait déjà ,comme
s'il eût été persuadé du contraire. Pour moi ,

mon antipathie faisait honneur à mon rôle. Je défendais avec autant de rigueur qu'il attaquait. Mais soit que ce rôle ne nous fût pas naturel, ou que sa persévérance fût opiniâtre, il remporta une victoire dont il me paya les palmes par une des plus copieuses éjaculations qu'ait jamais répandue financier.

La V..... ne manqua pas d'exagérer le bonheur de mon gros amant. On parla de l'assurer, on prit à cet effet des mesnres en déjeûnant.

Dès le lendemain, je changeai d'état, de demeure et de nom : je fus *Madame* gros comme le bras, et madame à laquais, à femme de chambre, on pense bien que je soutins comme de coutume mon nouvel état. Valets, amis, parens tout fut traité avec hauteur et la suffisance la plus décidée.

La vanité fut ce qui m'occupa pendant les premiers jours de ma fortune ; je les employai à faire des aquisitions qui pussent sinon me satisfaire, du moins flatter mon ambition :

mais la volupté a bien autant d'empire sur les femmes de ma sorte que la coquetterie; je commençai à m'ennuyer de l'absence de mon garde-du-corps, je pouvais lui écrire ou l'aller voir, l'un et l'autre avaient des difficultés, mais le plaisir devait être le prix du dernier expédient, je m'y arrêtai ; je m'habille de grand matin, j'allie sans goût le négligé avec la parure, je prends un fiacre, je lui donne l'ordre à la porte pour le Palais marchand et je le change en route pour aller chez Saint-Prix.

Il ne m'attendait pas et se dédommageait de mon absence dans les bras d'une grisette. Quel coup de théâtre pour moi, j'ouvre les rideaux du lit et je me vois sacrifiée à une petite filette ! — O scélérat ! dis-je a Saint-Prix, est-ce donc ainsi que vous m'aimez ? Il s'éveille, se frotte les yeux, me regarde et se retourne du côté de sa compagne.

Je vous le disais bien, lui dit-il, que ma faiblesse me serait funeste, puis, il se lève avec promptitude et vient se précipiter à mes genoux : sont attitude et son néglige m'intéressent en sa faveur, mais sa trahison et la présence de ma rivale, renouvellent mon courroux.

Cependant il persiste à me faire ses excuses, me prend les mains, les arrose de larmes, les couvre de baisers. Je vois percer dans ses yeux tout à la fois l'expression du sentiment avec celle du plaisir, Cette dernière, on le croira sans peine, fut celle qui me toucha le plus. Il s'en aperçut, se relève et me dit : Adèle, tu es bonne, je t'aime, que de raisons pour me pardonner ! En disant ses mots, il me pousse contre la commode, il m'y suit, me trousse et j'ai la satisfaction de jouir de mon triomphe sous les yeux de ma rivale.

Outrée de dépit et chargée de confusion, la grisette se lève et s'habille à la hâte, elle nous regarde avec fureur, pousse des soupirs, murmure tout bas et se retire. Sa disparition nous procure les moyens de sceller notre ré-

conciliation de mille plaisirs. Saint-Prix ,
veux faire succéder ceux de la table à ceux
de l'amour. Il fait galamment les honneurs
d'un déjeûner dont il me laisse tout uniment
payer les frais. Le Condrieux coulait à grands
flots, nous fîmes monter les huîtres , sept
heures sonnent et M. Mondor m'avait donné
parole pour cinq ; nous fîmes une dernière
fois la *douce affaire* et je quittai Saint-Prix
après être convenus ensemble des moyens de
nous revoir.

En rentrant chez moi , je trouvai mon
financier qui s'impatientait fort de m'attendre.
Il me reprocha mon absence et me fit sentir
crûment que j'étais payée pour rester chez
moi et l'amuser.

L'art de dissimuler si naturel aux filles du
monde , secondé du peu de leçons que j'avais
reçues chez la V....., m'aida à lui en impo-
ser par quelques menteries et à le désarmer
par maintes caresses ; il les voulut payer des
siennes , mais je les éludai de manière à lui

faire croire que c'était pour le punir des soupçons d'infidélité qu'il avait osé former sur moi.

Il prétendit au moins me faire chanter pour se dédommager par cette petite complaisance de celle que je lui refusais : je chantai à ma manière, c'est-à-dire sur un ton ordinaire dont je n'avais encore pu me défaire.

Il te faut un un maître de musique, petite, dit-il, car il est affreux qu'étant à moi, tu chantes de cette sorte. Je t'en enverrai un tantôt. Adieu, rends-toi digne de mes bontés et sois sage.

Dès le jour même, vint le maître de musique de la part de M. Maindor. C'était l'homme le plus maniéré, l'être le plus frivole, en un mot le maître le plus à la mode qu'on put avoir. Ce jour-là, il ne me montra que la gamme, et la musique fut ce qui nous occupa le moins. Tout en me donnant ma leçon, il me dit les folies et les impertinences requises, passa de là aux privautés les plus

décidées , l'obtention de nos faveurs est approchant comme le **prix** de la bague , ce n'est
qu'en tournoyant qu'on l'obtient. Ce fut à
peu près ainsi que mon musicien obtint les
miennes, en passant successivement de ma
main à ma bouche, de ma bouche à ma gorge ,
de ma gorge à autre chose..... Il répétait
négligemment ses leçons et nous répétâmes
exactement nos plaisirs.

Ils ne firent aucun tort à ceux que je me
procurais ailleurs, le ciel a mis dans les
femmes un réservoir de jouissance qui ne
tarit jamais. Entraînée par cette idée qui fut
longtemps le mobile de mes actions j'ai négligé
de rendre compte de la visite de mon avocat.

Enfin, me dit-il , dès qu'il m'aperçut ,
mademoiselle , vous avez immolé l'honneur
à l'intérêt, vous voilà au rang de ces filles
dont les charmes deviennent un honteux
trafic. J'étais nonchalamment couchée sur
mon canapé et j'écoutais d'un air moqueur les
leçons de mon triste galant. Croyez - moi ,

mademoiselle, reprenait-il, d'un ton de prud'hommie, le vice n'a jamais qu'un succès passager, il est toujours trop peu prudent dans ses desseins, trop peu prudent dans leur exécution pour mener à un bonheur solide. Dites-moi, mon cœur, reprenait-il, avec un air de pitié, pourquoi avez-vous pris ce parti ? Répondez-moi, ma chère amie ?

— Parce qu'il m'a plu, lui dis-je, avec cet air mutin que nous employons pour charmer et persécuter les hommes.

— Mais encore un coup, où voulez-vous que cela vous mène ?

— J'aime qu'on m'amuse et non qu'on me sermone. Il allait encore répliquer, je me levai et courus d'un pas léger pirouetter devant la glace. Je chantai les sept notes de musique que je savais ; je regardai mon singulier galant, je lui fis un sourire, je raccommodai mes girandoles, et lui demandai ce qu'il en pensait. Ne suis-je pas charmante continuai-je en me caressant et en relevant mon estomac hors de mon corset.

Cette glace, reprit-il, ne peut vous en donner de plus grande certitude que mon cœur.

— Je m'en doutais bien, dis-je encore sur le même ton folâtre, tout le monde me l'assure.

— Et sans doute aussi que tout le monde vous dit qu'il vous aime, mais en vérité, ma chère Adèle, personne ne peut le faire avec plus de délicatesse que moi. Personne ne pourrait vous en donner des preuves plus sensibles. A ces ces mots, je lui jetai un regard ironique qui lui coupa la parole. J'allais la reprendre quand il fit un de ces soupirs, où le désir a plus de part que le sentiment. Ce soupir ne fut que le prélude d'un tendre baiser qui acheva de me désarmer, ou plutôt de m'attendrir; je m'abandonnai nonchalamment à la conduite de ce jeune homme, il me fit asseoir sur mon ottomane, il y joua encore quelque temps le rôle d'écolier et ce rôle tout sot qu'il était, me parut ne me préparer que des plaisirs plus vifs ; ils le furent en effet, cette fois, les désirs de mon amant ne furent pas trompés, trois fois il fournit sa carrière en véritable athlète, trois fois je sentis couler dans mon sein la liqueur rafraîchissante dont le feu brûlant qui me dévorait me faisait sentir le besoin, et l'avouerai-je, ce singulier mélange du plaisir et du sentiment qu'il lui plaisait de mettre en jeu dans cette occasion, tourna au profit de la volupté et l'amant dut à ma lubricité ce qu'il croyait devoir à son mérite, crois-moi, ma chère Agnès, il y a dans le monde bien des dupes de cette espèce.

Les hommes s'aveuglent aisément sur leur mérite, celui-ci voulut me donner une quatrième fois des preuves du sien : mais je craignis qu'il ne se mit en défaut et je voulus lui épargner l'affront ; ainsi je le congédiai, avec promesse d'agréer toujours ses visites quand il voudrait m'en honorer. Nous nous quittâmes ce jour là parfaitement contens l'un de l'autre.

De tous mes amans, celui qui me plaisait le plus était le petit abbé , aussi lui accordais-je souvent des nuits entières.

Une fois, au moment où l'amour nous enivrait de plaisirs , nous entendîmes heurter à coups redoublés. Plus ou a de torts , plus on éprouve d'allarmes ; nous nous levons précipitamment. L'abbé veut s'habiller à la hâte , mais e lui dis d'emporter ses hardes. Je m'empresse de lui en faire un paquet : je lui donne et le presse de fuir dans mon cabinet de toilette. Tandis qu'il s'y précipite, je cours ouvrir la porte.

Il n'y a qu'un massif entreteneur qui put ainsi venir indiscrètement à une heure de nuit troubler une jolie femme , ou compromettre son amour - propre. Son indiscrétion me donna de l'humeur, je la lui fis bientôt ser

8.

— Quoi ! vous êtes sans lumière, me dit-il.

— Je n'en avais pas besoin pour éclairer vos sottises, lui répondis-je.

— Ah ! madame Adèle se fâche.

— Oui, Monsieur, et très-sérieusement ; on n'a jamais vu venir à une pareille heure, perdre une femme de réputation dans son voisinage.

— Réputation est bien là, continua-t-il sur son ton grossièrement badin ; je croyais que tu n'avais plus rien à démêler avec elle depuis que tu étais à moi.

— Ce n'est point à une fille de ma sorte qu'on tient ce propos.

— Le diable m'emporte si cela ne devient pas comique ; je te crois vraiment en colère, je ne veux pourtant pas te quitter fâchée. Allons, Adèle, ma fille, ma fille, sois raisonnable ; mets-toi là, et faisons la paix sans bruit ni lumière : en disant ces mots, il commençait à fourrager mes appas. Je me défendais, je fuyais : il combattait et me poursuivait en soufflant comme un bœuf. Dans nos débats , il s'approcha du cabinet ; je craignais que quelque soupçon ne l'engageasse à y entrer. Ma crainte redoubla au mouvement qu'il fit pour l'ouvrir.

— Où voulez-vous aller, lui demandais-je d'une voix entrecoupée; faut-il que tout le monde vous entende ?

— Mais un rien te fâche , ne vois-tu pas que je vais chercher un bonnet de nuit.

— C'est inutile , car je ne veux pas que vous couchiez ici.

Ah ! tu ne veux pas ! Attends , je vais te faire changer de ton; c'est aussi par trop loin pousser l'impudence, ajouta-t-il en ouvrant la porte.

Alors, me voyant presque convaincue d'infidélité , je courus à lui pour lui faire mes excuses !

Ah ! mon cher ami , dis-je en prenant ses

mains , ne me perdez pas; je conviens de ma faute , et je vous en demande pardon.

—Il n'y a pas d'excuses à cela, reprit-il , et tu n'auras plus tort dès que tu me laisseras faire.

— Faites donc , dis-je , un peu remise , surtout ne faites pas de bruit.

— Sois tranquille et ne t'inquiète pas , mais laisse-moi chercher mon bonnet.

— Oh ! vous serez assez maladroit pour ne pas le trouver.

— Tu as encore raison. Alors je m'offris à le chercher moi-même , et nous tendions tous les deux les mains sur la toilette. Il doit se trouver cependant , disait mon stupide galant. J'étais sûr du contraire , car je savais l'avoir donné à l'abbé. Comme nous nous occupions à le chercher à tâtons et que mes mains concentraient celles du financier.

— Qu'est-ce que cela ? le voilà , et ce n'est pas toi qui me le tends.

— Et qui voulez-vous que ce soit , dis-je

en le poussant de toutes mes forces ; en même
temps, je sentis alors une main se couler sous
ma chemise, le long de mes cuisses, je compris que l'abbé s'était caché sous la toilette,
et que c'était de là qu'il avait voulu mettre le
bonnet sur la table.

L'esprit d'une femme est toujours subtil
à tromper. Il faut pourtant que je vous aime
bien pour souffrir toutes vos extravagances :
et, dieu merci, ce soir vous en faites assez,
mais je les reçoit comme une preuve de l'amour
que je partage avec vous, et je vous les pardonne. — Que tu es gentille, me dit-il, en
me serrant dans ses bras : vois un peu, ma
chère Adèle, comme ma passion me tourne
la tête, tout-à-l'heure, j'aurais juré sentir
une autre main que la tienne. — Ah ! que
vous êtes fou, lui dis-je en riant. — Teur,
répondit-il, en fesant sur ce que je venais de
lui dire un jeu de mots suggéré par l'idée
des plaisirs qu'il se proposait de goûter, puis
il me prit la main et me reconduisit à ma

chambre. Il me força de me recoucher précipitamment et suivit bientôt mon exemple.

Las de ses travaux ou plutôt de ses efforts, mon financier dormait profondément quand j'entendis ouvrir la première porte de mon appartement. Je savais que ce ne pouvait être que Saint-Prix, à qui j'avais donné une double clef pour lui fournir les moyens de s'acquitter d'une tabatière d'or dont je lui avais fait présent, et cet évènement me surprit moins qu'il m'embarrassa. Si je me levais, je courais les risques d'éveiller M. Maindor, je craignais qu'il ne me suivit. Si je restais, l'approche de Saint-Prix pouvait exciter d'autres inconvéniens, en vérité la difficulté de jouir des plaisirs y met un grand prix. J'étais encore dans cette perplexité quand le garde-du-corps s'approche de moi. Il voulut d'abord m'embrasser, mais je lui dit tout bas : mon Monsieur est ici. — A d'autres, répond-t-il ; je sais qu'il n'y couche plus, et j'entends que celui qui y est déloge. — Mais,

Saint-Prix, repris-je, je vous dis que c'est mon Monsieur. — Allons, allons, sans tant de façon, qu'on me cède la place, dit le garde-du-corps d'une voix haute. — Vous m'allez perdre tout à l'heure, mon cher. — Il y a longtemps que vous l'êtes, ma mie. —Saint-Prix, mon ami. — Il n'y a pas de Saint-Prix ni d'ami qui tienne, il me faut une oreille de votre galant, dit mon homme en éclatant ; point de quartier, qu'il choisisse laquelle des deux il veut que je lui coupe. A ce bruit Maindor se réveille. Qui est là ? demande-t-il tout ému. — C'est le maître d'ici, et qui vient t'en chasser. —Me chasser, moi ! — Allons, allons, mons le faquin, dit le garde-du-corps en ouvrant les fenêtres, il n'y a pas haut, et le voyage en sera moins longs. Je me lève, je cours aux genoux de ce furieux. — Otez-vous, mademoiselle, me dit-il ; j'aime les exercices du corps, et votre galant va me servir de ballon.

Jamais financier ne fut téméraire ; le mien

était le modèle de la prudence. Saint Prix ne l'eut pas plutôt découvert qu'il s'enveloppa dans les plis des rideaux. Maindor voulut crier au voleur, mais la peur lui coupait la voix : et la colère des femmes n'éclate pas toujours contre leurs propres intérêts. Loin de montrer tout mon ressentiment à mon impudent, je tâchais au contraire de l'attendrir.

Pouvait-il résister à la séduction d'une fille de mon état. Il me rendit les armes et permit au financier de s'habiller. Celui-ci, tout saisi d'effroi, le fait à la hâte.

Le vainqueur, glorieux de sa victoire, veut jouir de la vue de celui qui la lui abandonne, il appelle mes gens et demande de la lumière : il ouvre toutes les portes, parcourt tout l'appartement, il n'y a pas jusqu'au cabinet où était l'abbé qu'il ne visite.

Ce dernier prend l'allarme, il croit déjà se voir enfilé par la terrible rapière du spadassin. Il se lève de sa cache et tente l'impospossible pour se sauver par une porte vitrée qui donne dans l'antichambre.

Tandis qu'il fait des efforts aussi inutiles que funestes, mon laquais apporte de la lumière, je l'entends qui s'arrête dans l'antichambre, où il rit aux éclats. Piquée d'une gaîté aussi déplacée, je cours pour savoir ce qui l'occasionne, et je vois..... Ah ! ma chère Agnès, je ris encore de ce tableau quand je me le représente, je vois mon pauvre abbé dont la tête était prise dans un carreau, comme un rat dans une trappe ; plus il se démène et s'efforce de s'en tirer, plus il s'y embarrasse.

Quoi, morbleu, dit le garde-du-corps, le faquin se sauve, il se méfie de ma bonne foi : eh ! par où a-t-il passé, dit-il en entrant dans ma chambre. Parbleu le champagne me fait donc voir double ; ah ! ah ! s'écrie-t-il en approchant de plus près, c'est donc là votre Monsieur, mademoiselle, l'impudente, et depuis quand s'est-il fait abbé ?

Cette exclamation du garde-du-corps était fondée sur la méprise du financier, qui avait endossé, dans la frayeur et l'obscurité, l'habit de l'abbé pour le sien, parce que les mêmes causes m'avaient fait d'abord prendre des hardes à moi pour celles du petit collet. Saint-Prix, persuadé que c'était l'abbé, exerce sur lui la force et la vigueur de ses bras de la façon la plus invincible.

— Et ! je ne suis point abbé, criait Mondor ; pour Dieu, je demande grâce.

— Alors, tu es donc le diable , répond le garde-du-corps en continuant son gaillard exerciée.

Des trépignemens de pieds et des cris que nous entendîmes dans le cabinet de toilette , nous forcent d'y porter nos pas , nous voyons le pauvre Mignard qui avait déjà passé la moitié du corps à travers le carreau de vitre et dont l'autre était couverte par un de mes jupons (sans doute de crainte de se blesser). Ah ! parbleu , dit le garde-du-corps , voici ma belle, nous allons jouer à un joli petit jeu. Mettez-vous là, mignonne, ajouta-t-il, en me faisant passer à la gauche de l'abbé, et tenez ce flambeau.

On ne contrarie pas impunément un garde-du-corps, j'obéis à celui-ci, il recommença alors un exercice dont l'abbé fut celui qui s'amusait le moins, il lui mit les fesses à découvert en levant le jupon et le fustigea de toute sa force avec la plus scrupuleuse attention.

Jamais fantaisie de Callot ne fut aussi comique que cette scène ; la larme à l'œil, le rire sur les lèvres, je me prêtais d'une façon équivoque aux cruelles polissonneries de Saint-Prix.

Partagé entre la fureur et la joie, Main-dor faisait une grimace que son habillement semi-laïc, semi-ecclésiastique rendait encore plus drôle.

Saint-Prix l'habit déboutonné, l'estomac découvert, frappait en mesure d'un air tranquille et goguenard qui contrastait avec son ivresse. Mon laquais et ma femme de chambre qui se tenaient les côtés de rire, à quelques pas de là formaient le fond de ce ridicule tableau.

Heureusement pour l'abbé, les bras du militaire n'étaient pas infatigables ; voilà ma partie finie, dit-il, en s'étendant dans mon fauteuil de toilette, j'en abandonne l'enjeu à qui le voudra. Mes gens firent cesser ses plaisanteries en en détruisant la cause. On brisa la porte pour débarrasser le pauvre abbé, on lui rendit son collet et son habit, puis il s'enfuit, emportant la certitude qu'il n'était pas venu en bonne fortune.

Tu t'attends, sans doute, ma chère Agnès, à la fin de cette aventure, Saint-Prix se dégrisa et se repentit des gaillardises de son ivresse. Mondor devint plus courageux à mesure qu'il se sentit plus fort.

J'étais l'auteur de ce tintamarre, je devais en être la victime. Quand il fut grand jour, que le garde-du-corps fut bien tranquille, le financier lui dit : Monsieur, si j'étais méchant, je tirerais vengeance de ce que vous m'avez fait ; mais je vous pardonne vos petites vivacités et vous abandonne de grand cœur la créature qui en est cause. Je ne vous dispute nullement vos droits sur elle, emmenez-là et pour Dieu videz ensemble la maison au plutôt.

Emportes-tu tes bijoux ? me demanda Saint-Prix. L'économe financier me dispensa de répondre. Oh ! pour ce qui est de cela, je m'y oppose, dit-il, rien de ce qui est ici n'en sortira.

— En ce cas, reprit le garde-du-corps, il est inutile que tu viennes avec moi ; il vaut mieux quitter ses amis que de rester spectateur inutile de leur misère, je n'ai que des vœux à t'offrir et je te souhaite une meilleure fortune. A ces mots il fait un éclat de rire, une pirouette et nous quitte.

Je crois que jamais financier ne se piqua

de délicatesse. Celui-ci ne se fit pas un scrupule d'insulter à mon malheur et y mit le
comble, je n'ose le dire, en me faisant chasser
par mes propres domestiques. On eut dit que
cette valetaille voulait par là se venger des
mauvaises façons que j'avais eues pour elle.

Quel champ de morale ! quel sujet de
réflexions pour une ame mélancolique. Mais
que dirai-je sur l'instabilité de la fortune,
sur l'ingratitude des amis, que tu ne saches
ma chère Agnès aussi bien que moi. Me voilà
à la rue et il est essentiel de m'en tirer. Où
aller, ce ne sera pas chez ma tante. Mademoiselle V..... était trop serviable pour
douter de son empressement à me recevoir
et à travailler au rétablissement de ma fortune. Il me vint une idée de passer chez mon
avocat, mais je craignais ses morales. J'ai
toujours pensé que les disgrâces valaient des
leçons.

J'arrive chez la V....., je lui conte mon
désastre, elle me plaint de l'aventure, mais

elle rit de ses circonstances; je me suis dou-
tée, me dit-elle, que cet homme là en agirait
mal, aussi tu as eu tort, on conduit mieux
sa barque. Que ne donnais-tu tes rendez-
vous ici ? il t'en aurais coûté quelques repas,
mais tu aurais épargné ta boîte d'or. L'amitié
de mademoiselle d'Arminville fut pendant
les premiers jours, ce qui m'aida à supporter
le poids de mes infortunes. Heureux si elle
eut suffi pour m'en épargner de nouvelles.

Tandis que la V..... s'efforce d'excuser
en ma présence les imprudences de ma jeunesse, elle se récrie en mon absence sur le
libertinage de ma conduite, elle insulte même
à mon caractère. Me voit-elle dans sa salle,
elle m'étouffe de caresses, me sait-elle ailleurs,
elle m'accable d'invectives.

Mademoiselle d'Arminville m'aida à déve-
lopper le caractère de la V....., tu as man-
qué, me dit-elle un jour, à un préalable
nécessaire, tu n'as rien donné pour ta rançon
à cette femme. Elle t'a noirci dans l'esprit

de Maindor, elle lui a inspiré des soupçons que malheureusement pour toi, ta conduite a réalisés et tu l'as mise à même de regagner avec une autre ce qu'elle perdait avec toi. Cette autre te succède et sera bientôt remplacée de même.

— Mais quels fonds dois-je donc faire sur ses promesses.

— Beaucoup plus que tu ne crois, elle gagne autant à te faire du bien que du mal et elle fera toujours l'un et l'autre avec empressement ; prends ton parti, profite de ses services et défie-toi de ses trahisons.

La V..... avait parlé pour moi, dit-elle, à un seigneur qui devait venir me voir dès le même soir. Il fallut me mettre en état de le recevoir, de préparer avec le même soin et mon ajustement et ma conversation.

Le goût de ce seigneur servit également à l'un et à l'autre.

Il aimait les airs indécens, les propos libertins, je ne pouvais que le bien servir ;

il en fut assez content pour entrer en marché dès le jour même.

Il faut faire nos conventions, me dit-il, et voir si elles vous plaisent ; je n'entends point qu'une fille que j'entretiens, se prenne de belle passion pour moi, je veux qu'elle se borne à m'amuser, qu'elle ne voie que moi, qu'elle soit toujours gaie, complaisante et sédentaire.

Il est encore d'autres choses sur lesquelles je veux vous prévenir. Il faut que vous sachiez que je suis obligé de ménager mon épouse dont la sagesse mérite au moins des égards extérieurs, que je ne puis refuser mes soins à une femme de rang avec laquelle j'ai lié une intrigue sérieuse, et que vous ne me serviez précisément qu'à me distraire de ces petites occupations, et qu'à satisfaire mon goût pour les plaisirs.

Ce dernier article était le seul qui pût me rendre ce seigneur supportable.

Nous convînmes que quelques jours après,

j'irais prendre possession, non de son cœur, mais de sa fortune et de l'appartement qu'il me promettait.

Mademoiselle V..... n'aimait pas le temps perdu ; elle m'engagea à bien employer cet intervalle. Il y avait alors à Paris un homme d'un goût singulier et qui payait cher ses bizarres plaisirs, elle me trouva propre à y contribuer et m'engagea à aller chez lui. Le goût de ce vieillard montrera assez le rôle que je jouai avec lui. Il voulait qu'une femme lui persuadât qu'elle était sage et parut être riche tout en faisant une démarche qui prouvait le contraire ; le bonhomme n'était pas d'âge à abuser de cette complaisance , et tournait au profit de sa délicatesse prétendue ce qui n'était qu'un effet de son impuissance réelle.

La vue était le seul sens qu'il put et dut satisfaire , et il le faisait avec la lubricité et la bizarrerie des gens de son espèce.

Le soir, en me couchant, je rêvais encore à ce baudet de Plutus, quand on vint me chercher pour me conduire chez mon nouvel amant, ou plutôt mon nouveau maître. Je m'habille à la hâte, j'embrasse la V....., je m'élance dans le carrosse, et je pars accompagnée de deux hommes qui m'y attendaient.

Vous êtes sans doute bien contente ma belle enfant, me dit l'un d'eux, en me prenant les mains ?

— Je ne me sens pas de joie, répondis-je.

— Oh ! vous vous remettrez, reprit-il : l'autre nous regardait d'un air goguenard et riait de notre conversation sans l'interrompre. Je trouvai la course longue et je commençais à m'impatienter de n'être point encore arrivée ; je regardai par la portière et je dis : C'est donc hors de Paris que nous allons ?

— Oui, mon cœur, répondit un de ces messieurs, on veut travailler à votre santé, on vous mène pour quelque temps à la campagne.

— Quelle complaisance, m'écriai-je.

— Oh ! nous en sommes pétris , reprirent-ils , mais l'air vous incommodera , fermons les portières.

Quoi que je leur dise , ils s'obstinèrent à les fermer, et continuèrent leurs propos ironiques et leurs regards malins. Bientôt après, je compris au détour de la voiture que nous entrions dans la maison qui m'était destinée , et je m'empressai à vouloir descendre.

— Oh ! les gros ne descendent pas ainsi dans la première cour, me dirent mes conducteurs , attendez que nous soyons au perron et l'on vous donnera la main. Enfin le fiacre arrêta , on ouvrit la portière et je vis. O ciel ! j'en frémis encore..... Je jugeai sur les apparences que j'étais à l'hôpital ; je commençai à soupçonner que j'étais victime d'un complot entre la V..... et M. Maindor ; des soupçons je passai à la certitude, des gardes vinrent me prendre et m'enfermèrent dans cet affreux séjour où je restai six mois.

Informé de mon malheur, l'abbé qui malgré ce qui lui était arrivé chez moi, me
conservait quelqu'attachement, employa des
protections pour me faire sortir de captivité.
L'avocat se joignit à lui, ils obtinrent mon
élargissement à force de démarches.

Telle est, ma chère Agnès, la narration
que me fit la Duchapt. Maintenant revenons
à moi.

Je conduisis très-bien ma petite barque,
j'étais à la veille d'aller plus loin que la Pâ-
ris, la Maupoint, la Florence, lorsqu'un
accident renversa toute ma fortune. Je vivais
avec un officier de milice, qui s'était, dit-on,
réformé lui-même, et qui m'avait pris sous
sa protection. Il n'avait que le défaut de
s'enivrer et d'être un peu brutal quand il
avait bu ; à cela près, c'était le meilleur enfant du monde, et pourvu qu'on le laissât à
table, il était doux comme un mouton.

Un jour il vint chez moi des jeunes gens,
qui me furent envoyés par une femme du

monde dont j'avais débauché une bonne pra-
tique : c'était un vieux notaire très-riche ,
et qui payait comme un mylord , pour être
amusé seulement. Ils étaient un régiment en
deux ou trois bandes. Je voulus d'abord leur
faire refuser la porte ; ils forcèrent le domes-
tique et se mirent en possession du logis ;
nous n'étions que deux femmes alors. Deux
honnêtes ecclésiastiques, un directeur de
communauté venaient d'entrer : ils s'esqui-
vèrent à la vue de ces libertins.

La pétulante cohue fut choquée de ce qu'on
eût fait difficulté de l'introduire. Je les mena-
çai du commissaire. A peine eus-je prononcé
ce nom , qu'ils s'attaquèrent à mes meubles
et se mirent à briser tout ce qu'ils rencontrè-
rent : prières, caresses, menaces, rien n'ar-
rêtaient ces furieux. Un brutal, sur quelques
représentations que je voulais faire , parce
qu'il estramaçonnait contre mes glaces, tourna
sa fureur contre moi , et me mit le visage en
pièces.

Mon pauvre officier de milice, conduit par sa mauvaise étoile, arrive au milieu de ce désastre, et comme il n'était pas le plus fort, malgré l'état où il me voyait, il prenait de lui même le parti de la conciliation. On le veut faire sauter par la fenêtre, avec les meubles qui commençaient déjà à prendre cette route. À force de le harceler, il tire l'épée, et blesse un jeune homme. Trois autres aussitôt tombent sur lui, et le laissent étendu sur la place. Voilà toute la maison et le voisinage en rumeur. Que faire dans cette extrémité ? je ne pense qu'à mon salut ; je prends sur moi ce que j'avais d'argent et me dérobe à la faveur du tumulte. Le commissaire et les archers viennent, et l'on verbalise.

Je ne sais ce que devint cette affaire. Après m'être cachée pendant deux mois à l'extrémité du faubourg Saint-Jacques, défigurée comme j'étais, je fis heureusement connaissance avec des dévotes du quartier. Je les

priai de me procurer quelque retraite honnête. Elles avaient des habitudes aux Carmé-
lites, et me proposèrent d'y entrer sur le pied
de tourrière : il en manquait une, et ma mauvaise mine, caution de ma sagesse, n'effraya
pas ces bonnes filles.

C'est là qu'à près de 45 ans je passe tran-
quillement mes jours, et que je donne à Dieu
le reste de ma vie inutile au monde. En vérité, ma chère sœur, vous ne pourriez jamais
me reconnaître. Hélas ! c'est tout ce que je
regrette que ma figure ; mon printemps était
passé je l'avoue, mais devais-je sitôt terminer
ma carrière !

FIN.

www.ingramcontent.com/pod-product-compliance
Lightning Source LLC
LaVergne TN
LVHW021744170726
843503LV00004B/1714